Ismet Suljovic
Mirsad Nukovic

As redes sociais e a sua utilização comercial

Ismet Suljovic
Mirsad Nukovic

As redes sociais e a sua utilização comercial

ScienciaScripts

Imprint

Cover image: www.ingimage.com

This book is a translation from the original published under ISBN 978-3-659-82334-3.

Publisher:
Sciencia Scripts
is a trademark of
Dodo Books Indian Ocean Ltd. and OmniScriptum S.R.L publishing group

120 High Road, East Finchley, London, N2 9ED, United Kingdom
Str. Armeneasca 28/1, office 1, Chisinau MD-2012, Republic of Moldova, Europe
Printed at: see last page
ISBN: 978-620-8-20047-3

ÍNDICE

PREFÁCIO

A comunicação e os negócios actuais são muito diferentes dos negócios de há várias décadas. Estamos constantemente à procura de novas informações, amigos e conhecidos. Os jovens procuram pessoas com quem possam partilhar o tempo livre que têm em abundância. As redes sociais apresentam a comunicação moderna em rede. É a forma mais popular e mais rápida de comunicar e fazer novos amigos. Todos os dias, o número de utilizadores da rede aumenta, tanto pelo desejo de comunicar, como pela apresentação de conteúdos pessoais, na tentativa de se apresentarem a um público mais vasto. Uma das muitas vantagens da rede é a possibilidade de criar uma identidade individual com a seleção de penas de personagens. Os negócios através da Internet têm experimentado uma dimensão especial de desenvolvimento de redes sociais. Se são úteis ou se são prejudiciais é objeto de numerosos debates nas empresas mundiais.

A cibercultura e a comunicação na Internet revelam ligações indissociáveis entre a tecnologia e a sociedade. A dimensão interactiva é a especificidade do espaço virtual, a criação de identidades virtuais, as relações sociais e as comunicações são fenómenos da era moderna e objeto de investigação de um grande número de círculos científicos. A virtualização da sociedade apresenta uma nova dimensão e um novo paradigma, em que todos os actores da sociedade estão envolvidos, desde os mais jovens até aos membros mais velhos. O desenvolvimento da tecnologia informática e, comparativamente, da Internet como meio de ligação e troca de informações, contribui grandemente para essa nova forma de organização das relações sociais na cultura, nos negócios, na política e nos Estados, bem como no entretenimento.

Em que medida a vida social está a passar para a rede mundial? Se viveremos mais no mundo virtual ou no mundo real? Estas são apenas algumas das questões a que a ciência moderna tem de dar resposta. Se as pessoas estão preparadas, como os modestos seres biológicos, por natureza dotados, para acompanhar o crescimento exponencial da tecnologia e, a partir do mundo virtual, podem conduzir a sua vida em sintonia com a natureza e as suas leis? Qual é o preço da virtualização da sociedade e se, mesmo ao fim de 50 anos, ela ficará para trás, como os jornais até agora, e como estão as televisões, os cinemas e fenómenos semelhantes? Ou talvez a sociedade real desapareça na sua forma atual e não possamos viver sem o espaço virtual, tal como agora não há ar. Se subtrairmos à juventude o "face book", é possível ou foi longe demais? Pode o homem moderno controlar a tecnologia? As respostas a estas perguntas representam o idealismo científico do nosso tempo, ou são apenas aberturas para novos capítulos da história, o tempo o demonstrará. O facto é que: a tecnologia deve ser um meio para melhorar a vida do homem moderno. A sua força não será dirigida para a destruição da sociedade, mas para objectivos comuns positivos de todos os povos da Terra e, com o seu apoio, chegará mais longe no cosmos e, dessa forma, espalhará o conhecimento.

As redes sociais tornaram-se não só populares, quando a ligação das pessoas em linha se tornou uma realidade, mas também um imperativo dos negócios modernos. Quase não existe uma única boa empresa que não tenha o seu perfil ou a sua página nalguma rede social.

Os jovens passam cada vez mais tempo ao computador ou na Internet, pelo que se deve dizer que o mercado se deslocou para este domínio. O futuro de qualquer negócio de sucesso está na Internet. As redes sociais sincronizam tudo o que é necessário para um utilizador e a informação, a possibilidade de troca de datas e a possibilidade de comentários e de expressar a sua opinião. Todos nós as adoramos, mas o que sabemos sobre elas é menos do que podemos imaginar. Nesta elaboração, os autores tentam, com base na análise das redes sociais, dar a atitude geral e concluir no sentido de uma utilização excessiva da informação e da segurança dos encontros na rede.

1. AS REDES SOCIAIS E A SUA UTILIZAÇÃO COMERCIAL

A forma de estabelecer ligações, de trabalhar em rede e de comunicar, ao longo do tempo, conheceu o seu desenvolvimento e as suas mudanças. O desenvolvimento de recursos tecnológicos modernos, especialmente os que estão relacionados com a Internet, provocou uma melhor comunicação e os empresários criaram um meio para obter lucros melhores e mais eficientes. O marketing é uma nova dimensão, novas profissões e gestores, a gestão de topo fornece informações de forma rápida e eficaz, a fim de tomar decisões comerciais.

Desde as primeiras redes sociais, em 1995, foi o classmates.com, criado por Konrad, até aos dias de hoje; os serviços na SNW foram rapidamente desenvolvidos, seguindo os pedidos dos utilizadores.

O SNW mais popular em 2011 em todo o mundo:

- Facebook
- MySpace
- Bebo
- Friendster
- Hi5
- Orkut
- PerfSpot
- Zórpia
- Netlog
- Habbo

As redes sociais são essencialmente, em termos simples, a ligação de indivíduos com semelhanças culturais e outras e interesses comuns, em determinados grupos.

Redes sociais da Internet baseadas em páginas Web que são conhecidas como sítios de redes sociais. O seu objetivo é reunir o maior número possível de utilizadores num único local. Estas redes estão ligadas a pessoas que procuram novos amigos, que querem entrar em contacto com pessoas que estão longe delas, ou mesmo exprimir os seus pontos de vista e participar em debates com outras pessoas sobre um tema específico. Assim, por um lado, há sítios Web que se centram em interesses específicos e outros que não tratam de temas específicos, mas qualquer pessoa pode tornar-se membro.

A rede social mais famosa da atualidade é, sem dúvida, o Facebook, ou popularmente, "face". Há ainda o MySpace, cuja popularidade diminuiu significativamente após o aparecimento do Facebook; depois o Twitter, o Google Buzz e outras. O aparecimento de novas redes é constante, e as aplicações nas redes existentes estão constantemente a mudar e a melhorar. É particularmente notável o facto de as aplicações em dispositivos móveis serem cada vez mais utilizadas para a comunicação nas redes sociais, pelo que alguns dos indicadores dos principais intervenientes estão no sector das TI.

- Redes sociais e empresas
- Aplicação comercial da análise de redes sociais
- Gestão do conhecimento e colaboração
- Ajuda para encontrar pessoas competentes; partilha de conhecimentos; melhoria da tomada de decisões estratégicas equipa de liderança
- Equipa de construção
- Criar equipas inovadoras
- Recursos Humanos
- Identificar, monitorizar e promover as competências de liderança
- Vendas e marketing
- Acompanhamento do processo de adoção de novos produtos, tecnologias e ideias
- Indicação de estratégias de comunicação
- Estratégia
- Análise do ecossistema industrial; Análise de parceiros e alianças - deteção de parceiros comerciais críticos

E- O desenvolvimento da investigação traz-nos os seguintes dados:

Na Sérvia, 89% das empresas consideram que a utilização das redes sociais é útil para o negócio, enquanto 11% pensam que não é importante.

Entre a comunidade empresarial, as redes sociais são sobretudo utilizadas para uma comunicação mais rápida e fácil e, para esse efeito, são utilizadas por 57% dos inquiridos entre 100 representantes dos sectores do marketing e da comunicação numa amostra de empresas sérvias com mais de 50 trabalhadores.

A pesquisa da utilização das redes sociais pelas empresas foi efectuada pela agência *Abracadabra* de comunicação integrada e pela agência de investigação de marketing *Masmi*, membro da Asociation e-Development.

Como se verificou, 48 das empresas inquiridas utilizam a rede social para aumentar a visibilidade e melhorar o posicionamento da empresa, dos produtos e dos serviços, e a terceira para encontrar parceiros comerciais, clientes e consumidores. O Facebook lidera em termos de número de clientes empresariais. Entre as empresas, a Sérvia foi mencionada na pesquisa com o Facebook em 86,1%, seguida do Youtube com 56%, Twitter com 43,1%, LinkedIn com 37,5%, Google plus com 19,4% e Flickr com 12,5%. Cerca de um terço dos inquiridos utiliza a rede para encontrar novos parceiros comerciais, clientes ou compradores, mas um número um pouco menor refere o aumento das vendas e oportunidades de publicidade favoráveis.

As actividades da concorrência nas redes sociais são seguidas por 48% dos inquiridos, as empresas que não são concorrentes são seguidas por 31,9%, enquanto 8% dos inquiridos nunca seguiram os seus concorrentes. De acordo com o estudo, os orçamentos para publicidade nas redes sociais de 70% dos inquiridos representam 5% do orçamento total para publicidade, 5,6% representam 6-10% do orçamento e entre 11 e 15% do orçamento para publicidade representam mais de 1% das empresas, 1/5 do número total de empresas inquiridas na Sérvia não tencionam utilizar as redes sociais para fins comerciais e a razão dominante é que as redes não estão relacionadas com a sua atividade, o que foi referido por 85% dos que não utilizam as redes sociais.

Entre os inquiridos, há um décimo dos que pensam que as redes não são sérias para a área de negócio com que estão a lidar, enquanto o dobro do número argumenta que existem formas eficazes de publicidade e, por isso, não vai utilizar este modo de comunicação. Das empresas inquiridas, 8% são as que não utilizam as redes sociais neste momento, mas tencionam utilizá-las no futuro. Um inquérito recente da agência de emprego americana Jobvita mostra que até 54% dos empregadores utilizam o Twitter para encontrar o seu futuro emprego, 66% utilizam o Facebook, enquanto fantásticos 93% utilizam o LinkedIn.

2. AS REDES SOCIAIS E O SEU PAPEL NAS EMPRESAS MODERNAS

As redes sociais constituem uma forma moderna de comunicação. Para além da socialização, esta forma de comunicação está a assumir cada vez mais um significado empresarial, pelo que as organizações modernas enfrentam hoje um desafio em que é preciso enfrentar muitos riscos.

O marketing atual não pode ser imaginado sem a Net. Ter uma rede social tem um impacto positivo ou adverso, como ajudar, se se deve permitir o acesso dos empregados durante o horário de trabalho, e se se deve limitá-lo, são algumas das perguntas a que os gestores e investigadores modernos precisam de dar respostas, mas será necessário passar o tempo até termos resultados e respostas fiáveis. É certo que é uma fonte inesgotável de informação que oferece muitas oportunidades, mas rouba muito tempo, e o tempo é um recurso essencial, e certamente que muitos investigadores acreditam que esta tecnologia deve ser, de alguma forma, controlada, claro, para se obter sucesso e resultados seguros.

É evidente que a Internet introduz novas possibilidades, uma vez que a identificação e a aplicação de negócios e serviços que as redes sociais oferecem se tornaram uma necessidade, tal como eram o telefone e o fax há anos atrás e depois tornaram-se parte integrante de todos os escritórios.

Uma nova área atual, curiosamente, é a da procura de emprego, que sempre esteve relacionada com o tradicional serviço civil para desempregados, cuja função era fazer a ligação entre as empresas que têm necessidade de novas pessoas e as que estão à procura de emprego. Estes serviços ganharam uma nova dimensão com o advento da Internet, porque agora é muito mais fácil para os desempregados acompanharem as mudanças na sua área de atividade e a informação que podem obter para alguma profissão definida.

Os empregadores também têm uma melhor perceção da disponibilidade de mão de obra, bem como de um número de potenciais candidatos a empregos em aberto.

A Internet pode ser vista como um universo paralelo que nós, enquanto utilizadores, visitamos com maior ou menor frequência. O universo digital é criado pelas pessoas e, como tal, reflecte exatamente a população que o utiliza.

Nos primeiros anos de desenvolvimento da Internet, esperava-se, ingenuamente, que a Internet existisse apenas como uma rede de comunicação clara, o que aconteceu no início.

A Internet foi imaginada como um instrumento capaz de ajudar o homem a aceder mais facilmente às informações necessárias, bem como de permitir uma comunicação simples e eficaz entre dois pontos distantes. No entanto, nem tudo correu como previsto. Muitas coisas ficaram fora de controlo. Muitos factores influenciaram o facto de se ter tornado um lugar escuro. No entanto, as pessoas estão a voltar-se cada vez mais para a Internet e cada vez mais pessoas dependem dela.

A empresa de hoje

Se imaginarmos por um momento uma empresa há 20 anos: Sentamo-nos no escritório, olhamos em volta, ninguém está a utilizar o seu computador pessoal, e ninguém tem um tablet ou joga um jogo. Ninguém fala ao telemóvel. A secretária vai enviar um fax ou outro tipo de correio escrito.

O que temos hoje:

- Google Tradutor para empresas
- Ferramentas para o tradutor,
- Tradutor do sítio Web
- Detetor para novos mercados
- 800 milhões de telemóveis inteligentes no mundo;
- 1,5 mil milhões de computadores PC
- 2 mil milhões de pessoas na Internet;
- 3,5 mil milhões de telemóveis;
- 5 mil milhões de aparelhos ligados à Internet;
- 87 mil milhões de pesquisas mensais no Google

Assim, durante 20 anos ocorreram grandes mudanças. Estamos preparados para os próximos 20 anos? Temos à nossa frente novos desafios, novas tecnologias e novas oportunidades.

Vivemos num mundo em que o impacto da tecnologia na sociedade é palpável e poderoso. A tecnologia e fenómenos como o "Twitter", o "Facebook", os smartphones, o "YouTube" ajudaram a incendiar o Médio Oriente em 2011, com a revolta da "primavera Árabe". Graças à tecnologia, chegavam notícias do território afetado pelo tsunami e do estado de emergência. Ajudaram a organizar acções de massas em todo o mundo.

As tecnologias da informação são o principal motor do crescimento. Atualmente, os profissionais de TI estão a remodelar o funcionamento da política mundial e o desenvolvimento da economia global.

A nova era traz consigo poderes urgentes e excepcionais, como a nuvem, as redes sociais, a mobilidade e a explosão da informação.

2.1. Redes sociais (SNW)

O Facebook, no início de 2012, tinha cerca de 900 milhões de utilizadores em todo o mundo.

No seu 16th aniversário, em 5th de fevereiro de 2010, o Facebook tinha 400 milhões de membros (mais do que os EUA dos habitantes). Em setembro do mesmo ano, 2,2 milhões de pessoas na Sérvia tinham o seu perfil no Facebook e, em janeiro de 2011, quase 2,7 milhões estavam registados. O Twitter tem 175 milhões de membros em todo o mundo e, no You Tube, em cada minuto, são registados mais de 24 registos de vídeo, o que significa que, em cada 60 dias, são registados mais materiais de vídeo do que os três maiores canais de televisão americanos criados nos últimos 60 anos. Então, qual é a essência das redes sociais?

Na sua essência, a base é a ligação de pessoas e a troca de informações. O aparecimento da DM no sentido moderno da palavra é possibilitado pelas tecnologias da Web 2.0. A Web 1.0 é a rede de documentos. Trata-se de documentos com hiperligações em que o utilizador olha para um texto, fotografias, clips de vídeo e encontra uma ligação para outro lugar, mas para a rede de documentos e não para a rede de pessoas.

As novas tecnologias permitem um grande número de transacções simultâneas entre um grande número de pessoas. Nos sítios Web, a comunicação é efectuada em 24 horas. O sítio Web é apresentado permanentemente, pelo que o envio de documentos é mais barato e mais rápido. O que está a mudar com a tecnologia Veb 2.0 é, ao mesmo tempo, uma maior sincronização da comunicação mútua? Se for membro de uma SNW, em apresentações científicas no mundo virtual, está ao mesmo tempo ligado a um grande número de utilizadores no Twitter, amigos no Facebook ou empresários no LinkedIn.

Há algum tempo atrás, quando falámos sobre os benefícios do sítio Web, mencionámos que, quando se acede à Internet, vê-se potencialmente quantas pessoas lá estão. Em 1999 eram 50 milhões e agora são 2 biliões. Mas quais são os benefícios de alguém estar a ver o nosso sítio a partir do estrangeiro? Em 2009, as remessas da nossa diáspora totalizaram 5,5 mil milhões de dólares, o que corresponde a metade das nossas exportações.

País ou 15% do total bruto dos produtos sociais (YSP). Isto significa que as crianças apoiam em grande parte os seus pais, primos e amigos que vivem aqui. Observam os nossos serviços de informação e seguem tudo o que se passa connosco.

Porque é que estamos na SNW?

Isto acontece porque temos interesses comuns e a necessidade de partilhar algumas experiências. Se o DM for específico, como o Linkedln, então está centrado na atividade comercial. No Linkedln, actualiza constantemente o seu cartão de visita, o seu CV e está constantemente em contacto com outros parceiros comerciais existentes e potenciais.

O Facebook, que no início era apenas um caderno de endereços para estudantes, passou a ter o estatuto de praça antiga onde as pessoas se agrupavam para satisfazer as suas necessidades de fazer amizade. Hoje, tudo se passa de maneira diferente, e muitos criticam a Internet e as SNW que roubam tempo, que nos impedem de fazer amizade como antigamente. E lembrem-se: a causa da nossa alienação não é já a globalização da SNW no sentido mais lato da palavra.

Como sobreviver no novo ambiente? Muitas pessoas pensam que devemos esperar e ver o que os outros estão a fazer e que mais tarde estaremos ligados à SNW. Mas o facto de estarmos à espera não significa que não sejamos já objeto de uma discussão animada. Alguém pode comentar a nossa atividade, empresa, serviços e produtos. Não se pode ficar à espera que o tempo passe. Se não participar na SNW, não nos apercebemos de que nós próprios introduzimos restrições. Alguém está a falar de nós e nós não estamos envolvidos. Além disso, demonstra uma falta de inovação e de desafios. As pessoas aceitam e criam, em grande parte, as suas páginas e ordens através das quais comunicam com a publicidade.

Estamos atualmente a proceder à ligação dos novos sítios Web funcionais à SNW.

Se olharmos para a quantidade de sites e páginas do Facebook em que existe o botão "like", como existem os botões do "Twitter", todos estes botões sociais, servem para facilitar aos visitantes a partilha dentro da sua DM afirmativa de conteúdos que viram e que acham que vale a pena partilhar com os amigos. Enquanto até há pouco tempo informávamos todo o endereço de e-mail, para o que demorava muito tempo, agora podemos clicar no "like", e todos aqueles que estiveram connosco na ligação verão que algo queremos partilhar com eles. Assim, o número de transacções está a aumentar rapidamente.

Já hoje é estranho se deixar que uma empresa de sucesso tenha alguma forma de presença na SNW. A tecnologia e as técnicas estão a mudar exponencialmente. Alguns sentem que existe um benefício potencial mas não sabem como o utilizar. O que é caraterístico da SNW é o facto de ligar todos para todos. Não se trata de um indivíduo que sai para algo já revelado, é apenas um dos pontos que comunicam entre si.

As mudanças ocorrem a grande velocidade, e já não se trata de marketing no sentido anterior. Há um excesso de publicidade nos seres humanos. Milhões de mensagens que são enviadas são apagadas sem olharmos ou estão a funcionar para nós que temos filtros instalados nos computadores. 90% do tráfego mundial de correio eletrónico é constituído por mensagens de spam. Foi investido muito dinheiro em cabos transcontinentais, em inúmeros routers e switches numa variedade de fornecedores internacionais, para que fossem enviadas tantas mensagens de spam que ninguém quer receber. Em 2009, por exemplo, eram 81% e em 2010 quase 90%

Análises de redes sociais

As análises das redes sociais (em ligação com a teoria das redes) tornaram-se uma técnica crucial na sociologia moderna, na antropologia, na sociolinguística, na geografia, nos estudos de psicologia social, na comunicação, nas TI, nas ciências organizacionais, na economia, na biologia, e também um tema popular noutras áreas.

Panorama dos meios de comunicação social

Sl. Análise das redes sociais

Redes sociais - Fenómeno social

Alguns anos mais tarde, em 2002 e 2004, surgiram os resultados das redes sociais atualmente mais conhecidas e populares - MySpace e Facebook. Os utilizadores regulares da rede mundial adoptaram surpreendentemente e com grande rapidez o modo de funcionamento destes sítios e das redes sociais em geral. A melhor prova disso é o facto de o Facebook ter atingido os milhões de membros em menos de um ano e de, atualmente, cerca de 200 milhões de pessoas terem um perfil neste sítio! A rede social regista um crescimento diário recorde, e só no último ano o Twitter registou um crescimento de 664%.

As redes sociais são uma forma cada vez mais popular de comunicar através da Internet, sendo cada vez mais substituídas pela escrita de e-mails. A empresa norte-americana Nielsen registou um aumento de 664%.

As redes sociais são uma forma cada vez mais popular de comunicar através da Internet, sendo cada vez mais substituídas pela escrita de mensagens de correio eletrónico. A empresa americana Nielsen realizou um inquérito sobre este tema e os resultados mostram que 67% dos utilizadores da Internet visitam regularmente as redes sociais e 65,1% trocam regularmente mensagens de correio eletrónico

Aplicação comercial da SNW

Na SNW comunica ao mesmo tempo com todos os que estão ligados em rede na SNW. Atrás de qualquer um deles estão mais outros que o seguem e podem ser incluídos em cada momento.

Em tempos, pagávamos a uma agência para fazer estudos de marketing e de mercado e, depois, com base numa amostra de várias centenas, por exemplo, de inquiridos, a agência tirava conclusões sobre as exigências e a aceitação do mercado. Um grande número de utilizadores ligados entre si tem a possibilidade de comunicar com o mercado de uma forma muito mais direta. Em vez de bombardear o ambiente com milhares de mensagens, que normalmente acabam na pasta de spam, existe uma boa comunicação em que as questões colocadas recebem uma resposta de qualidade. Estes são aspectos das aplicações empresariais SNW. A tecnologia tem provocado novas modalidades de comportamento e de relações entre o meio envolvente e as entidades empresariais. O carácter da comunicação está a mudar com a DM. Do ponto de vista empresarial, já não temos as relações habituais com as organizações; a comunicação com o ambiente está a mudar, porque não somos a única fonte de informação, mas um dos participantes iguais na comunicação.

Nenhum negócio respeitável no mundo de hoje foi planeado sem a utilização das redes sociais como ferramenta de promoção e marketing. Todas as empresas mais importantes prestam a devida atenção às suas apresentações nas redes sociais, escolhendo assim os serviços e canais de comunicação mais adequados ao tipo de trabalho que realizam.

Os clientes no mundo e no nosso uso da Internet, principalmente como uma fonte de informação, que na maioria das vezes vêm através de sites e portais de casas de mídia e indivíduos que estão envolvidos na produção e transmissão de notícias, ou seja, blog, apresentação pessoal. A esfera da informação move-se lentamente nas redes sociais, e alguns exemplos de (instabilidade política nos países do Norte de África) mostram que o novo fluxo de informação através das redes sociais ultrapassa todos os meios de comunicação anteriores. Assim, permite uma expansão mais rápida, como a investigação, bem como o chamado jornalismo cidadão, que num futuro próximo será um dos pilares da informação.

A situação no nosso país é a seguinte: o Facebook é o mais popular, com 2,7 milhões de contas. Também a popularidade do Twitter e do LinkedIn aumenta ligeiramente, o que também se aplica ao Youtube e ao Flickr, a rede mais popular para a troca de conteúdos de vídeo. Cada uma destas SNW tem a sua especificidade. O Twitter é o chamado serviço de microblog que serve para a transferência rápida de informações curtas com um comprimento de 140 caracteres - normalmente trata-se de estados, comentários, discussões ou ligações que conduzem a outros conteúdos e vice-versa. O Facebook oferece um vasto leque de possibilidades e está constantemente a melhorar as suas funções (comentários, gostos, fazer perguntas, partilhar fotografias, vídeos, etc.). O LinkedIn é entronizado como uma rede social através da qual os indivíduos colocam os seus CV, enquanto as empresas utilizam para abordar o seu negócio um grupo mais vasto de pessoas que reúnem indivíduos influentes nos seus próprios grupos de interesse e redes. Assim, o LinkedIn é um local onde os empregadores procuram trabalhadores, o desenvolvimento de jogos e aplicações e outros.

A vantagem básica das redes sociais no plano da concretização de ligações empresariais reside no encurtamento do processo de apresentação dos candidatos e dos empregadores. As estatísticas globais relativas ao inquérito mais recente indicam que as mulheres são os utilizadores mais activos do Facebook e do Twitter, ao passo que no LinkedIn predominam os utilizadores do sexo masculino. As pessoas com formação secundária dominam em todas as redes, exceto no LinkedIn, onde a maioria dos utilizadores são pessoas com formação superior. Demograficamente, a população mais velha é a dos utilizadores do LinkedIn (35-54 anos), enquanto o Facebook e o Twitter reúnem uma população um pouco mais jovem. Quanto ao objetivo, o MySpace continua a ser popular na indústria da música, enquanto o Facebook é utilizado principalmente para explorar e renovar velhas amizades - ultimamente, cada vez mais para apresentações de negócios e diminuição de mensagens importantes.

2.2. LinkedIn

O LinkedIn foi criado na sala de estar do seu fundador, Reid Hoffman, em 2002. O sítio foi oficialmente lançado em 5 de maio de 2003. Após o termo do primeiro mês, o LinkedIn tinha 4 500 membros. O milionésimo membro juntou-se ao fim de 494 dias e atualmente junta-se uma média de um membro por segundo ou um milhão por cada 12 dias. O LinkedIn é a maior rede profissional do mundo na Internet, com mais de 90 milhões de membros (dos quais mais de metade na América, mais de 20 milhões na Europa, 3 na Índia, 1 no Canadá, etc.) em mais de 200 países, até à data. Atualmente, está disponível em seis línguas e a empresa emprega cerca de 1.000 pessoas em todo o mundo. No LinkedIn estão empregados das 500 maiores empresas americanas listadas pela revista "Fortune". Mais de um milhão de empresas têm o seu próprio perfil no LinkedIn.

O LinkedIn é um SNOW orientado para as empresas, lançado em maio de 2003, que é utilizado principalmente para a criação de redes profissionais. A sede da empresa está localizada na Califórnia e anunciou a abertura da sede europeia em Dublin. O objetivo deste sítio é permitir que os utilizadores registados mantenham uma lista de contactos que conhecem e nos quais confiam em termos profissionais. Na lista, estas pessoas são designadas por Ligações. Os utilizadores podem convidar qualquer pessoa (quer seja ou não utilizador do sítio) a tornar-se uma ligação.

Uma lista de ligações pode ser utilizada de várias formas. Para além da ligação direta, não existem ligações colaterais e de terceira instância. Pode então ser utilizada para fazer com que as pessoas se conheçam através de conhecidos mútuos, pessoas em quem confiam. Depois, estas ligações podem ser utilizadas para transmitir empregos, pessoas e oportunidades de negócio recomendadas por alguém. Os empregadores podem listar empregos e procurar potenciais candidatos. O LinkedIn é utilizado principalmente para a criação de redes profissionais. A sede da empresa está localizada na Califórnia e anunciou a abertura de um estabelecimento em Dublin, na Europa. O objetivo desta página é permitir que os utilizadores registados mantenham uma lista de contactos com pessoas que conhecem e em quem confiam no plano profissional. Na lista, essas pessoas são marcadas como Ligações. Os utilizadores podem contactar qualquer pessoa (quer seja ou não o utilizador da página) para se tornarem uma ligação.

Uma lista de ligações pode ser utilizada de várias formas. Para além da ligação direta, não há ligações colaterais e de terceira instância. Pode então ser utilizada para fazer com que as pessoas se conheçam através de conhecidos mútuos, pessoas em quem confiam. Depois, estas ligações podem ser utilizadas para transmitir empregos, pessoas e oportunidades de negócio recomendadas por alguém. Os empregadores podem listar empregos e procurar potenciais candidatos. As pessoas que procuram o LinkedIn são uma SNW orientada para as empresas, lançada em maio de 2003, que é utilizada principalmente para a criação de redes profissionais. A sede da empresa está localizada na Califórnia e anunciou a abertura da sede europeia em Dublin. O objetivo deste sítio é permitir que os utilizadores registados mantenham uma lista de contactos com os quais se conhecem e em quem confiam em termos comerciais. Na lista, estas pessoas são designadas por Connections (ligações). Os utilizadores podem convidar qualquer pessoa (quer seja utilizador ou não). Uma lista de ligações pode ser utilizada de várias formas. Para além da ligação direta, não existem ligações colaterais e de terceira instância. Assim, pode ser utilizada para fazer com que as pessoas se conheçam através de conhecidos mútuos, pessoas em quem confiavam nas relações comerciais. Depois, estas ligações podem ser utilizadas para transmitir empregos, pessoas e oportunidades de negócio recomendadas por alguém. Os empregadores podem listar empregos e procurar potenciais candidatos. As pessoas que procuram o LinkedIn são uma SNW orientada para as empresas, lançada em maio de 2003. Os utilizadores podem definir as imagens para facilitar o reconhecimento e, recentemente, é possível seguir uma variedade de empresas, a fim de obter notificação de novas oportunidades de emprego.

Uma abordagem que se baseia no facto de todos os profissionais entrarem na rede, graças a ligações previamente estabelecidas ou a intervenções devido aos seus contactos, utilizadas para criar confiança entre os utilizadores do serviço.

Emlpoyement através das redes sociais

Como os gestores de recursos humanos podem utilizar as redes sociais em linha (LinkedIn, Facebook, Twitter...)

As redes sociais em linha servem para socializar, comercializar, vender e, ultimamente, para o emprego. Estudos realizados noutros países mostram que:

Fonte de dados: Dados sobre os recursos: HRMenagers, %

fzvor podataica: HR menadieri, u %

- 14,4 milhões de pessoas encontraram um novo emprego através das redes sociais em 2011

- 55% das empresas planeiam aumentar o investimento no recrutamento através das redes sociais

- 35% das pessoas não são selecionadas para um cargo devido ao seu perfil numa das redes sociais. É o que acontece quando se deixa no perfil do Facebook uma fotografia disparatada com festas selvagens em que se fez de galinha.

- Alguns empregadores procuram e descobrem o seu nome de utilizador e a sua palavra-passe para o Facebook!

- 25% dos gestores de RH só fazem uma oferta de emprego ao candidato depois de verificarem o seu perfil no LinkedIn, Facebook e/ou Twitter.

- Os dados mostram que é útil utilizar um sítio de rede social na seleção dos candidatos, mas não como única fonte de informação. Não devemos descurar os métodos clássicos (talvez aborrecidos) // de avaliação. Em 2011, 14,4 milhões de pessoas encontraram um novo emprego através das redes sociais.

Imagine uma situação em que precisa de um diretor comercial com experiência em sistemas bancários. Connosco, o número de utilizadores do LinkedIn conta momentaneamente com mais de 50 000 pessoas) que tem no LinkedIn. Se escrever os seguintes critérios na parte do LinkedIn em Search:

- Diretor de vendas
- Banca
- Sérvia, Sérvia e Montenegro, Jugoslávia

Apresenta-se na lista de 174 candidatos com experiência no sector bancário para um lugar de diretor comercial.

Pode procurar os candidatos nos bancos de onde provêm:

O LinkedIn foi considerado um excelente meio de pré-seleção de candidatos

- basta clicar no seu perfil!

No LinkedIn, isto custa-lhe 0 (zero dinares) e pede-lhe o CV que obtém em menos de 30 segundos!

Se continuar com a forma "clássica" de seleção:

- Quantos currículos pode obter se entrar no LinkedIn?
- Quanto tempo pode despender para ler todos os CV?
- Se fosse pré-selecionado, quantos currículos receberia se tivesse sido anunciado?
- Quantas vezes?
- Para convocar uma entrevista?

Uma das vantagens do LinkedIn é o facto de o anúncio ser gratuito e não ter de ser pago. Por exemplo, no grupo do LinkedIn *53* MCB-Management Center Belgrade pode anunciar gratuitamente um anúncio de emprego. Desta forma, 2.300 gestores que são membros do grupo LinkedIn MCB-Managment Center- Belgrado podem candidatar-se ao seu anúncio? Para ser anunciado, o anúncio de emprego neste grupo, para isso são necessários 3 minutos e tudo é gratuito. Algumas perguntas que se podem colocar aos gestores de hoje e que estão preocupados com as redes sociais online:

- Que redes sociais em linha lhe dão bons resultados?
- Que outros domínios de atividade podem ser abrangidos? Formação para o

emprego? Avaliação do desempenho?

Em que medida é que o linkedin ajuda na atividade empresarial? 

O LinkedIn é como um Facebook - mas principalmente para pessoas de negócios.

O LinkedIn é uma rede social que liga pessoas de negócios e lhes permite:

- Partilhar informações (criação de redes, contactos, reuniões - apresentação)
- Promover-se e entrar em contacto com headhunters
- Obter respostas a perguntas
- Promover o seu negócio.

Estatísticas no LinkedIn:

- O LinkedIn é a maior rede social para pessoas de negócios e empresas com mais de

120 milhões de membros em mais de 200 países em todo o mundo.

- O LinkedIn na Sérvia tem mais de 50 000 membros e o crescimento anual do grupo é de 30 %!

- A cada segundo, pelo menos duas novas pessoas abrem um pedido no LinkedIn.

- Mais de 2 milhões de empresas têm perfil nas Páginas de Empresa do LinkedIn.
- Diretores de todas as empresas da lista Fortune 500 para 2011. Os membros do LinkedIn são?

Como uma rede de pessoas de negócios, o LinkedIn pode ajudá-lo a:

Construir e reforçar a marca pessoal

É uma excelente forma de o promover como profissional no seu ramo de atividade, criando um perfil completo, bem planeado e ligado. O seu perfil consolida e mostra as suas realizações profissionais. Sem perfil, não é possível estabelecer ligações com ninguém no LinkedIn e os outros utilizadores não podem saber de si para si. Por conseguinte, a criação de um perfil é um dos primeiros passos a dar.

Os elementos essenciais do perfil que definem a forma como os outros o podem encontrar no LinkedIn são: - A fotografia profissional é a melhor oportunidade para uma primeira impressão positiva que influencia a decisão de estabelecer ou não uma ligação consigo.

O título é a parte que aparece por baixo do seu nome e a primeira que os outros podem ver quando visitam o seu perfil. Também aparece nos resultados de uma pesquisa no LinkedIn.

Este é um elemento-chave do perfil que define quem é, o nível que alcançou ou aquilo por que se esforça. Dispõe de 120 sinais para descrever quem é e o que pode fazer pelos outros. O algoritmo do LinkedIn atribui grande importância ao texto do cabeçalho quando classifica os membros durante a pesquisa. A fotografia e o cabeçalho são a primeira coisa que os visitantes vêem no seu perfil do LinkedIn:

- O local de trabalho atual (*posição atual*) e os locais de trabalho anteriores (*posições anteriores*). Cite-o e descreva em pormenor cada uma das suas funções, tarefas e resultados.

Educação - Mencione todos os estabelecimentos de ensino que frequentou. Isso ajudá-lo-á a aumentar a rede de contactos, porque cada vez mais pessoas pesquisam a base de membros do LinkedIn em escolas e faculdades quando pretendem encontrar pessoas com quem possam estabelecer ligações.

Recomendações - Considera-se que o perfil do LinkedIn está completo se tiver apenas três recomendações. As recomendações são a confirmação de que ajudou as pessoas a confirmar que as informações que citou sobre si estão corretas. Pode obter recomendações para empregos anteriores e actuais. As recomendações podem ajudar a atrair novos clientes e compradores para os seus produtos ou a utilizar oportunidades de negócio.

Sítios Web - O LinkedIn permite-lhe adicionar três sítios Web. Quando adiciona um link para o seu site, no menu pendente, pode escolher entre mais opções, como são: *Website pessoal*, *Website da empresa*, *Blogue*, etc. Escolha *outra:* e utilize a possibilidade de alterar a forma da ligação (o chamado *texto âncora*). Se criar um link para o site da empresa, adicione palavras-chave para as quais pretende que o site seja classificado no navegador da Internet. Por exemplo: *Snowboard financeiro.* O nome atrativo e interessante do sítio ou do blogue fará com que os visitantes do seu perfil cliquem nele para o visitar.

Twitter. Adicionar ligação ao perfil do Twitter. Pode adicionar mais pedidos do Twitter e também pode integrar o Twitter no LinkedIn. Se não gostar que todos os seus tweets do Twitter apareçam no seu estado do LinkedIn, escolha a opção de partilhar apenas tweets que contenham **#in**.

- URL do utilizador: modifica o URL público do seu perfil.

Pode otimizar o perfil para que apareça nos resultados da pesquisa na Internet pelo seu nome. Esta é uma parte essencial da construção de uma marca pessoal.

- O resumo (Abstract) é a parte do perfil em que se apresenta e diz o que pode fazer pelos outros. Utilize as palavras que melhor descrevem as suas competências, conhecimentos, aptidões e realizações.

- Especialidades (Especialidades): As palavras e frases desta parte do perfil ajudá-lo-ão a aparecer nos resultados

Exemplo - Endereço URL dos utilizadores: Modificar o URL público dos utilizadores: modifica o URL público do seu perfil.

Pode otimizar o perfil para que apareça nos resultados da pesquisa na Internet pelo seu nome. Esta é uma parte essencial da construção de uma marca pessoal.

- O resumo (Summary) é uma parte do perfil em que se apresenta e diz o que pode fazer pelos outros. Utilize palavras que melhor descrevam as suas competências, conhecimentos, aptidões e realizações.

- Especialidades (Especialidades): As palavras e frases desta parte do perfil ajudá-lo-ão a aparecer nos resultados do endereço URL do seu perfil.

Pode otimizar o perfil para que apareça nos resultados da pesquisa na Internet pelo seu nome. Esta é uma parte essencial da construção de uma marca pessoal.

- O resumo (Summary) é uma parte do perfil em que se apresenta e diz o que pode fazer pelos outros. Utilize as palavras que melhor descrevem as suas competências, conhecimentos, aptidões e realizações.

- Especialidades (Especialidades): As palavras e frases desta parte do perfil ajudá-lo-ão a aparecer nos resultados de pesquisa no LinkedIn. Por isso, pense cuidadosamente, explore e utilize palavras que o seu público-alvo utiliza para encontrar especialistas no seu perfil, na sua experiência ou nos serviços que presta, de modo a otimizar o perfil para que apareça nos resultados de pesquisa na Internet com a procura do seu nome. Esta é uma parte essencial da construção de uma marca pessoal.

- *O resumo* é uma parte do perfil em que se pode apresentar em pormenor e dizer o que pode fazer pelos outros. Utilize as palavras que melhor descrevem as suas capacidades, conhecimentos, competências e realizações.

- *Especialidades*: As palavras e frases desta parte do perfil ajudá-lo-ão a aparecer nos resultados das pesquisas no LinkedIn. Por isso, pense bem, explore e utilize palavras que o seu público-alvo utiliza para encontrar especialistas no seu perfil, na sua experiência ou nos serviços que presta. É a parte da sua imagem pública e da sua credibilidade. Promova o seu perfil no sítio Web, no blogue ou na assinatura de correio eletrónico adicionando o botão Ver o meu perfil no LinkedIn Promova o seu perfil no sítio Web, no blogue ou na assinatura de correio eletrónico adicionando o botão Ver o meu perfil no LinkedIn.

Escolha a opção em que o seu perfil do LinkedIn será público e os outros utilizadores poderão encontrá-lo e contactá-lo.

Customize Your Public Profile

Control how you appear when people search for you on Google, Yahoo!, Bing, etc.

Profile Content

○ Make my public profile visible to **no one**

◉ Make my public profile visible to **everyone**

Os proprietários de empresas e os seus empregados podem criar um perfil de empresa, do lado da empresa.

Expandir a sua rede de contactos

O LinkedIn dá-lhe a oportunidade de aumentar rapidamente a sua rede de contactos:

- Pesquise os seus contactos de correio eletrónico e veja quem já tem um perfil no LinkedIn,
- Encontrar colegas no passado e no presente no local de trabalho.
- Encontrar colegas de turma e colegas da universidade.
- Ligações do LinkedIn utilizadas pelo sistema para recomendar os utilizadores que possa conhecer. Quanto mais ligações tiver, mais rápido será o crescimento da sua rede de contactos.

A adição de ligações aumenta a possibilidade de as pessoas encontrarem o seu perfil, quando procuram novos empregados e parceiros de negócios. Os proprietários de empresas e os seus empregados podem criar o perfil de empresa, perfil, página Apropose Company

Expandir a sua rede de contactos

O LinkedIn dá-lhe a oportunidade de aumentar rapidamente a sua rede de contactos:

- Encontre os seus contactos de e-mail e veja quem já tem perfil no LinkedIn,
- Encontrar colegas do antigo e do atual local de trabalho.
- Encontre os seus amigos da escola e colegas da faculdade.
- O LinkedIn utiliza o sistema de ligações para lhe recomendar utilizadores que talvez conheça. Quanto mais ligações tiver, a sua rede de ligações crescerá mais rapidamente.

- Ao adicionar uma ligação, aumenta a probabilidade de os homens descobrirem o seu perfil quando procuram novos parceiros de negócios.

Reputação e autoridade

O LinkedIn oferece-lhe mais formas de mostrar que é profissional no seu domínio de atividade, de ganhar reputação e autoridade profissional.

- Recomendação. Uma das formas é a recomendação a outros utilizadores. A melhor maneira de obter recomendações é por princípio: Dê e ser-lhe-á dado. Recomende os seus colaboradores e eles retribuirão de bom grado o serviço. As respostas são uma óptima forma de demonstrar conhecimentos e experiência na sua área. Os utilizadores fazem perguntas em diferentes áreas às quais pode responder. O LinkedIn seleciona e destaca os especialistas em cada área de acordo com o número de melhores respostas que são dadas. Se fala (escreve) inglês, tem a oportunidade de aumentar a sua autoridade em determinadas áreas e atrair a atenção para si, para os clientes de todo o mundo e para as suas ligações e utilizadores no país.
- Grupo do LinkedIn. O LinkedIn tem muitos grupos onde pode estabelecer contactos com pessoas do seu sector. Se for um utilizador ativo, pode aparecer na página inicial do grupo como os utilizadores mais influentes (Top Influencer) e aumentar a sua visibilidade e reconhecimento. Pode aderir a grupos do LinkedIn. No LinkedIn existem muitos grupos nos quais pode estabelecer ligações com pessoas do seu sector. Se for um utilizador ativo, pode chegar à página inicial do grupo como o utilizador mais influente (*Top Influencer*) e aumentar a sua visibilidade e reconhecimento.
- Pode aderir a um máximo de 50 grupos. Além disso, se tiver muitas ligações, não pode iniciar um grupo e convidar os seus contactos a juntarem-se ao grupo.

Visita ao sítio ou ao blogue

É sabido que muitas pessoas utilizam as redes sociais para promover conteúdos e aumentar o tráfego para o seu sítio Web ou blogue. No que diz respeito ao LinkedIn, é possível partilhar ligações com:

- Apenas ligações;
- Grupos a que pertence ou
- Abrir-se abertamente com todos os que visitam o seu perfil
- Com ligações;

- Grupos de que é proprietário ou
- Publicamente com todos os que visitam o seu perfil.

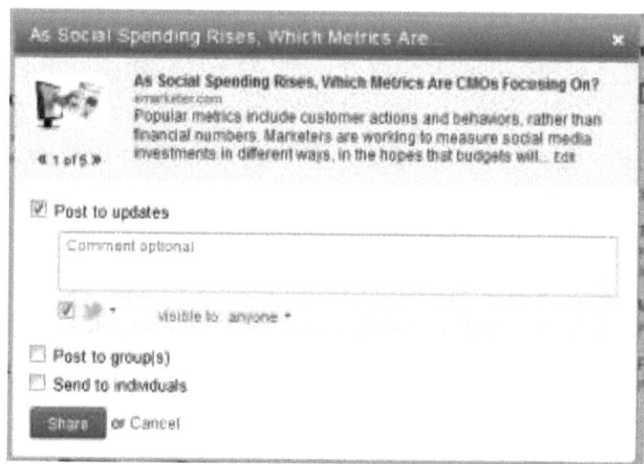

No entanto, utilize esta oportunidade à medida e não bombardeie os seus contactos e ligações para outros visitantes, pois pode ter exatamente o efeito contrário ao desejado.

Promoção do blogue

Além disso, pode adicionar uma hiperligação a um blogue pessoal ou a um perfil empresarial, pode promover o seu blogue e o seu feed através de aplicações do LinkedIn como 1% e 1% WordPress Blog link. Esta é uma boa oportunidade para deixar que os outros vejam o conteúdo do seu blogue. Ao promover o blogue, reforça a sua marca pessoal, porque os blogues são uma excelente forma de demonstrar os seus conhecimentos e experiência num determinado domínio ou forma de pensar.

Além disso, adicione ao seu blogue o botão LinkeIn para partilha, de modo a permitir que os visitantes partilhem as publicações do seu blogue no LinkedIn.

Clientes potenciais ou clientes

A presença no LinkedIn e noutras redes sociais pode aumentar a visibilidade da sua marca. As recomendações de contactos são a melhor forma de fazer com que os seus potenciais clientes e consumidores tenham a certeza da sua competência e da qualidade dos seus produtos e serviços. O inquérito global em linha da Nelson aos clientes mostrou que 90 % das pessoas acreditam nas recomendações de pessoas que conhecem.

Investigar a concorrência dos compradores

A presença no LinkedIn e noutras redes sociais pode aumentar a visibilidade da sua marca. As ligações com recomendações são a melhor forma de fazer com que os seus potenciais clientes e consumidores tenham a certeza da sua competência e da qualidade dos seus produtos e serviços. O inquérito global em linha da Nelson aos clientes mostrou que 90 % das pessoas acreditam nas recomendações de pessoas que conhecem.

Investigar a concorrência

À procura de conselhos

O LinkedIn, uma rede de especialistas em muitas áreas, ajuda-o a obter aconselhamento profissional e responde a perguntas gratuitamente. As respostas do LinkedIn permitem-lhe não só demonstrar os seus conhecimentos e prestar ajuda, mas também fazer perguntas.

Por exemplo, pode obter respostas a questões muito práticas:

- Onde posso aprender Microsoft Excel e Access?
- Como é que trata os clientes que não pagam?

Que conhecimentos e competências são necessários para gerir o sítio para compras em grupo?

O utilizador anuncia os seus produtos e serviços. As perguntas podem ser feitas a todos os utilizadores da língua inglesa e pode assinalar a opção em que a sua pergunta se centra numa localização geográfica específica (por exemplo, Sérvia). Além disso, pode selecionar a ligação para a qual pretende fazer a pergunta. Por exemplo, se souber que uma das suas ligações é especialista numa determinada área, pode remeter a questão diretamente para ela O LinkedIn Ads é um serviço de publicidade direcionada. O utilizador cria os seus anúncios e seleciona o público-alvo onde pretende apresentar os anúncios. Pode segmentar os clientes por sector, função, idade, número de empregados, localização. Anúncios no LinkedIn. A publicidade no LinkedIn é excelente, tendo em conta que tem a oportunidade de apresentar os produtos e serviços da sua empresa aos decisores em matéria de aquisições, proprietários de empresas, empresários, diretores executivos e líderes empresariais a nível local e mundial. O rendimento médio é superior a 100.000 $.

Emprego ou mudança de emprego

Muitos utilizadores abrem uma conta no LinkedIn precisamente porque estão à procura de emprego. Os gestores de recursos humanos e os proprietários de empresas utilizam o LinkedIn para encontrar empregados e anunciar empregos. As dicas básicas do LinkedIn para os utilizadores que procuram emprego são:

- Crie um perfil completo e actualize-o regularmente para deixar uma boa primeira impressão.
- Desenvolva a sua rede de contactos para aumentar a visibilidade e a capacidade de obter referências.
- Siga mais empresas para descobrir primeiro novas oportunidades de negócio e ofertas de emprego.

Mais dicas para todos os candidatos a emprego não podem ser encontradas no Centro de Ajuda do LinkedIn.

Estas são apenas algumas das formas como o LinkedIn pode ajudar a sua carreira e o seu negócio. O LinkedIn tem uma série de vantagens e benefícios, tanto para indivíduos como para empresas. Mas, tal como acontece com outras redes sociais, só as pode concretizar se participar ativamente.

Para ser um ator em todo o referido óleo é preciso abrir uma conta no LinkedIn e ir. Aderir como ligações (amigos) no LinkedIn.

2.3. Marketing e redes sociais

Antes que a euforia da publicidade nas redes sociais chegasse a sério para envolver as nossas maiores marcas, as principais empresas da lista / Fortune Global 100 começaram a questionar o valor dos investimentos em "like" -ing. Um estudo mostrou que o "envolvimento" das 300 maiores marcas mundiais nas redes sociais - que é considerado uma medida fundamental de uma presença de marketing nos media - no ano passado caiu 22%. Uma fonte de descontentamento reside na impossibilidade de medir o retorno do investimento em publicidade nestas redes em relação à venda e na ausência de um "medidor" único para comparar o sucesso das campanhas nas redes sociais e noutros canais.

A Nielsen, uma das principais agências mundiais especializadas na pesquisa de marketing e meios de comunicação social, anunciou em setembro que, com a ajuda da Nielsen "Facebook", esta base de dados criou um "radar em linha" correspondente que, diariamente, daria aos anunciantes dados sobre o êxito das suas campanhas nos meios de comunicação social, comparáveis a outros indicadores do êxito da campanha nos "meios antigos".

O estudo, que foi realizado por comparação entre a Nielsen

A comparação de 80 campanhas diferentes para 15 sítios de anunciantes diferentes mostrou que apenas 30% das alegadas campanhas atingiram o público a que se destinavam. Por exemplo, uma campanha para produtos de cuidados de saúde destinada a uma metade mais simpática, atingiu o público a que se destinava, que era apenas composto por 20% de mulheres.

O mesmo inquérito realizado em março deste ano mostrou que as campanhas direcionadas dos anunciantes com um conteúdo definido, como os principais sites de jornais como o "New York Times", os sites do "Financial Times" e das principais estações de televisão e o "Facebook", foram muito bem sucedidas porque a demografia dos visitantes e o seu comportamento eram mais fáceis de prever para direcionar o público adequado que medir a exposição no Facebook.

A nova metodologia da Nielsen é uma mistura do painel de audiências da televisão e das bases de dados do Facebook sobre os seus utilizadores, cujos dados são utilizados (como se afirma) apenas para obter uma imagem clara do quadro demográfico. A Nielsen tenciona cooperar com outras redes sociais para reforçar o seu novo indicador. A Comscore, rival da Nielsen, tem a sua própria plataforma

Antigamente, as pessoas de todo o mundo correspondiam-se por carta e assim criavam amizades virtuais. No entanto, estas cartas podem perder-se e nunca chegar à pessoa a quem são enviadas. E se chegarem, é, no caso de grandes distâncias, podem durar muito tempo, até meses! Hoje a mensagem é dada através de um exemplo. Chat, entregue no mesmo segundo! Não é uma opção fantástica? É certo que se tornou normal e bastante comum, mas quando olhamos para um passado, não tão longínquo, em que isto era impensável, apercebemo-nos da evolução da tecnologia.

Em segundo lugar, com a ajuda da Internet, as redes sociais mantêm a comunicação com os seus amigos de outros lugares, de outros países, ou mesmo de outro continente! Podemos contactá-los a qualquer momento e conversar com eles "online" e vê-los por vídeo, existindo a possibilidade de conversar em grupo.

Além disso, as redes sociais põem em contacto pessoas com os mesmos interesses e permitem-lhes conduzir um debate e trocar dados entre si. Existem fóruns sobre temas específicos, blogues, grupos que os próprios utilizadores criam e adicionam membros, levantam questões e discutem-nas no âmbito desses grupos específicos.

Por outro lado, os empresários e as pessoas que pretendem promover as suas próprias organizações ou outras também beneficiam das redes sociais. Em qualquer altura, no sítio Web social, há um grande número de pessoas activas. Este facto pode ser facilmente utilizado e criar um efeito de marketing, que é a transmissão rápida de notícias de pessoa para pessoa. A mensagem pode ser transmitida indiretamente, por exemplo, colocando a informação desejada no seu próprio estado, mas também diretamente através de chat, formando grupos ou colocando mensagens no "mural" do perfil de alguém. Para mim, está completamente correto e penso que também concordará.

3. SOCIEDADE VIRTUAL NOVO PARADIGMA DA ACTUALIDADE

O futuro foi imaginado por visionários durante a história através do artista Da Vinci, Boss, através do cientista Tesla, Einstein, e dos escritores Wells-a, Asimova, Clark, e King. . Nos últimos anos, Michio Kaku, também representa a era, nas asas da nova "nano-tecnologia". Será que a sociedade moderna, nos seus cenários fantásticos, se transforma numa sociedade cibernética e se torna uma realidade complexa nos países tecnologicamente desenvolvidos do mundo? A informação torna-se a atividade económica e cultural mais significativa.

Os futuristas destacam o fenómeno, assim chamado. Big data que é sistematicamente conhecido como a "Internet das coisas". Do mundo atual, em que funcionam vários milhares de milhões de dispositivos digitais, e por detrás de cada um deles um ser humano, passa-se muito rapidamente para um mundo em que mais de 75 mil milhões de dispositivos digitais podem ser ligados a uma rede, independentemente das pessoas. Os computadores e as várias infra-estruturas que eles vão gerir, vão recolher cada vez mais dados, ao mesmo tempo que vão interagir uns com os outros e, mais importante, tomar decisões sem qualquer orientação humana

Novas armas, como sistemas de energia dirigida, lasers, actuando em navios de guerra. É a primeira vez na história que uma arma utiliza a energia cinética.

Além disso, a rápida introdução de tecnologia modifica o desempenho humano (modificação do desempenho humano - HPM) que altera as capacidades físicas e mentais do homem. Com todos os avanços tecnológicos que conduziram a armas e bombas mais eficientes, o corpo humano permaneceu igualmente vulnerável e frágil. A HPM está agora a mudar exatamente isso: Usando tecno-implantes e melhoradores químicos, o chamado. O Effector aumenta a resistência humana, a concentração e até a capacidade de aprender

Ao contrário do que acontecia no período entre as duas guerras mundiais, atualmente a tecnologia civil sobressai em relação à militar. Não só pela rapidez do desenvolvimento, mas também pelo número de aplicações úteis. É do conhecimento geral que a tecnologia e a indústria militares foram, durante gerações, motores que foram lançados no sector civil. Foi o caso, por exemplo, dos motores a jato, da energia nuclear, dos computadores, etc. Hoje em dia, o desafio que se coloca aos responsáveis pelo planeamento militar é o de utilizar a tecnologia civil em sistemas militares

3.1. Realidade virtual

A realidade virtual é uma forma de imitar o mundo real que nos rodeia, utilizando imagens e sons que o computador projecta. Os sistemas de realidade virtual são tão sofisticados que são capazes de criar para o utilizador uma sensação de que é de facto o mundo real. Pode achar estes interessantes "brinquedos" fantásticos e, à partida, como um produto de um futuro distante, já estão presentes no mercado e podem ser encontrados em alguns parques temáticos.

Para entrar no mundo virtual, basta usar um capacete especial que está ligado ao computador. No pequeno ecrã de televisão é apresentada uma imagem tridimensional e é emitido um som pelos altifalantes. O utilizador tem a impressão de estar realmente rodeado por este mundo imaginário. É possível tocar ou mover objectos neste mundo virtual com um comando manual ligado a um computador.

Por exemplo, um avião virtual pode ser utilizado para treinar um piloto, um circuito virtual para exercitar o condutor. A formação virtual é mais segura e mais económica do que os exercícios com veículos reais.

No futuro, as crianças poderão aprender numa realidade virtual. Aprenderão sobre os antigos romanos visitando o mundo romano virtual.

- Preço da realidade virtual

O ciberespaço oferece às pessoas a oportunidade de serem o que quiserem. A identidade pessoal torna-se a sua própria criação e cada cibernauta um artista autónomo. Mas, sentindo o conforto das suas próprias conchas, o mundo em linha pode facilmente apagar a vida no mundo fora de linha, na medida certa.

A Internet há muito que ultrapassou os limites de um simples meio de comunicação. Graças ao desenvolvimento da tecnologia informática e ao aumento do número dos seus utilizadores, tornou-se um espaço social no qual os indivíduos interagem, e esta interação tem um impacto significativo na personalidade dos utilizadores. Em ciberpsicologia, presta-se muita atenção ao "problema da identidade", porque a Internet (ciberespaço) dos seus visitantes provoca uma espécie de fragmentação da personalidade. A Internet (ciberespaço) provoca uma espécie de fragmentação da personalidade dos seus visitantes, que se torna cada vez mais flexível, especializada para um determinado fim e para uma utilização a curto prazo da identidade estabelecida. O ciberespaço é um ambiente que oferece às pessoas a incrível oportunidade de examinarem e pré-examinarem a sua própria identidade através da criação e experimentação de diferentes formas, especialmente os efeitos que essas identidades alternativas têm. Muitas vezes, os ciberespaços são designados como um "laboratório de identidade". O autor mais citado neste domínio é Sherry Turkle, que afirma: "A Internet tornou-se um importante laboratório social para experimentar a construção do eu, caraterística da existência pós-moderna".

Por outro lado, ao permitir o acesso ao mar de informações e a comunicação indireta/direta com um grande número de pessoas, o ciberespaço representa uma espécie de reforço da influência que os factores sociais têm na identidade da pessoa. Neste mundo, atitudes, crenças, objectivos, toda a filosofia de vida, grande parte da qual assenta na identidade de uma pessoa, é constantemente relativizada, exposta a uma visão diferente, causada por uma oposição.

A Internet é cativante, adorável e poderosa, capaz de se afastar da vida real. Uma longa conversa ou a constante escrita de e-mails, a adição de diferentes aplicações no Facebook, Space ou qualquer outra, um grande número de amigos virtuais de todo o mundo podem produzir tanta euforia, fazer uma pessoa feliz e dependente de um resultado é negligenciar a família e o hábito real. Os mais vulneráveis são os que já têm uma relação afectiva ou um casamento, e depois chega-se à conclusão de que o consumidor infeliz não tem ninguém fora do seu mundo web. Chega-se à fase em que o ator simplesmente não consegue viver sem interação.

Surgem problemas sérios, especialmente quando a identidade virtual se torna tão dominante que ocorre o desejo de que ele seja transferido para o ecrã na vida real, então ele entra em conflito grave consigo mesmo e a partir desta condição é muito difícil de sair, e precisa de ser visto é a ajuda mais profissional enfrenta.

- Caraterísticas do mundo virtual

Está a ocorrer uma maior migração social em massa para o mundo virtual e para a sociedade virtual. Olhamos sobretudo para tudo o que está a acontecer à nossa volta. Este novo mundo e esta outra sociedade virtual são o produto da tecnologia que o torna efetivamente possível. Sem a tecnologia que permitiu o mundo e a sociedade virtual, dificilmente poderíamos falar de algo assim, pois trata-se da dualidade de mundos e sociedades. Trata-se das faces socialmente interactivas - face a face reais e das faces máquina a máquina artificiais. Quando nos confrontamos com a duplicidade dos mundos, devemos interrogar-nos sobre o fenómeno da fuga em massa das massas sociais no mundo virtual e na sociedade virtual. A questão da cibercultura da sociedade global da informação é uma resposta que não pode ser unívoca.

As novas formas e estruturas de vida representam uma rutura com a tradição, bem como a continuação inevitável da modernização que se conclui em algo como a globalização ou a integração do mundo em diferentes bases.

Esta nova forma de modernização do mundo está a mudar as comunidades tradicionais, criando uma sociedade de velocidade, progressão acelerada, novas regras e novas responsabilidades resultantes dos vários riscos da modernização.

O homem dos tempos modernos é confrontado com os desafios da modernização, por um lado, e por outro tem de lidar com todos os problemas de manutenção da existência, do sentido e da existência, como o trabalho, o amor, o medo, a angústia e a morte.

O homem, enquanto ser social, tem demasiados encargos e responsabilidades no mundo social real baseado na interação social, cara a cara, o que pode impulsionar o mundo alternativo e a sociedade alternativa

A pergunta sobre as razões da fuga em massa para o virtual ou da transição da sociedade real para a sociedade virtual pode responder às categorias filosóficas do medo da vida e da fuga à vida e da fuga às responsabilidades

- Fenómeno de - "Hikikomori"

A possibilidade de se introduzir e comunicar com um grande número de pessoas distantes no espaço, a qualquer hora do dia e da noite, a troca de mensagens prolongada ou lenta, a simulação de mundos fantásticos, bem como a anonimidade da comunicação em rede, caraterísticas mais do que mencionadas do syberplace, constituem a base sobre a qual se desenvolveu o ambiente social, sobre o qual se especificam as possibilidades, as decisões e os efeitos psicológicos, que são diferentes de quaisquer outros conhecidos até agora.

- Troca lenta

A exponencialidade é constituída principalmente por pessoas asociais que comunicam apenas através de meios virtuais Internet, chat-line, vídeo-mobile Socializar apenas com outros seguidores hikikomori e "ilha" e apenas no mundo virtual. As pessoas que têm tendência para sonhar acordadas e fantasiar, as pessoas tímidas, as que sofrem de fobia social e as que não estão satisfeitas com o seu estatuto social são as que se encontram em posição prévia para os hikikomori. As qualidades da cultura hikikomori devem ser distinguidas da dependência inicial da Internet que ocorre durante o primeiro encontro com este ambiente. Sabe-se que a maioria dos utilizadores da Internet no primeiro período de encontro com o ciberespaço está a passar por uma "fase de dependência". Acredita-se que é o resultado da dificuldade que as pessoas têm em lidar com os primeiros encontros com o ciberespaço e o esforço e tempo extra que investem para chegar a uma compreensão das principais questões e princípios pelos quais este mundo funciona. Depois de atingir este objetivo, a "fase de independência" cessa e a pessoa começa a utilizá-lo para fins pré-determinados com uma quantidade de tempo significativamente menor.

No nosso país, há um grande número de dependentes do Facebook, jogadores apaixonados por jogos de estratégia através do servidor, mas não há verdadeiros seguidores de hikikomori. Pelo menos, não houve casos. Os jovens na Sérvia reagem resignados à sociedade que os rodeia, ou seja, não reagem.

- Segunda vida

Uma direção de desenvolvimento da Internet, talvez menos conhecida, é a dos ambientes 3D interactivos. Um exemplo é o jogo de vídeo Second Life (Second Life). Cada jogador cria a sua personagem e começa a sua vida no mundo virtual. Neste ambiente 3D é possível negociar, sentar-se num restaurante e conversar nos cantos escuros, vender armas e drogas. O facto de tudo isto não ser um jogo é demonstrado pelo facto de muitas grandes empresas, como a IBM e a Toyota, participarem neste mundo 3D.

A disseminação, a moldagem, a modificação e, finalmente, uma nova compreensão do universo mediada pela tecnologia informática está em curso. A consideração desta moderna, excitante e delicada esfera hipertecnológica, social e, ao mesmo tempo, psicologicamente relevante é uma espécie de desafio tanto para os teóricos dos media, das comunicações e da cultura, como para todas as mentes criativas de hoje, que viram no momento certo uma oportunidade para uma auto-expressão dinâmica, estimulante e livre dentro de um ambiente completamente novo.

O Projeto, uma espécie de paradigma, como quer que se lhe chame, é a realidade paradoxal do mundo moderno. Concebido como um mundo virtual no qual as pessoas reais podem escolher a sua própria identidade, para se parecerem como quiserem, com todas as profissões imagináveis que, sem associações e convenções de forma real para a comunicação de dados que está mergulhada numa grave crise, tornou-se um dos projectos mais intrigantes da era moderna da informação.

Apesar de este projeto na Sérvia ser completamente novo, é provável que se encontre à sua volta, tal como acontece com todos os jornais, posso identificar dois campos mutuamente opostos. Por um lado, os que estão encantados, encantados com as possibilidades que a cibercomunicação oferece, ignoram o facto de que a sedução da novidade técnica que traz, esconde a destruição registada no seu centro. O mesmo se passa com a objeção clássica em termos de desinvestimento na ação social real, por um lado, e de alteração da relação com a realidade, por outro.

- Avatar

Um grande número de pessoas em grande publicidade está na rede como o seu próprio símbolo reconhecível, utilizando o avatar. O avatar é o seu cartão pessoal digital nesta nova dimensão de atividade e, com base nele, torna-se reconhecível, aceite e manifestado como uma personagem e personalidade virtual reconhecível.

No entanto, há uma coisa muito interessante sobre o avatar. Muitos bloggers, twitters, Facebook Emoticons... não utilizam como avatar isqueiros com a sua personagem, mas sim alguns gráficos simbólicos, imagens, animais, objectos, símbolos ou qualquer outra coisa que possa induzir as pessoas em erro e levar à aquisição de percepções erradas sobre os avatares dos utilizadores.

3.2. A inteligência artificial e o homem

Os robots vão herdar a Terra? Sim, mas serão os nossos filhos. (Marvin Minsky)

De acordo com a mitologia grega e romana, a deusa Vénus era capaz de reanimar as estátuas. Segundo o artista Pagmalion, quando este se apaixonou perdidamente por uma estátua, Vénus realizou o seu maior desejo e transformou a estátua numa bela mulher, Galatea. O deus Hefesto, o ferreiro divino, pode até criar um exército de servos mecânicos do metal, que é reanimado.

Hoje somos como Hefesto, porque nos seus laboratórios forjam-se máquinas que não dão vida ao barro, mas ao aço e ao silício. Mas será que isso vai livrar a raça humana ou escravizar? Se alguém hoje ler as manchetes dos jornais encontrará a resposta: a raça humana vai superar rapidamente as suas próprias criações.

Os maiores especialistas mundiais em inteligência artificial (VI) reuniram-se em 2009 na conferência Asylmare, na Califórnia, para debater seriamente o que acontecerá quando as máquinas passarem a ser controladas. Eric Horwitz, da Microsoft, o organizador da conferência, disse que o facto de ter feito esta observação criou entusiasmo entre a audiência:

Os tecnólogos dão-nos uma visão quase religiosa e as suas ideias são, de certa forma, consistentes com a mesma ideia de ascensão." Quando questionados sobre quando é que as máquinas se tornarão tão inteligentes como nós, os cientistas deram respostas surpreendentemente diferentes, variando entre 20 e 1000 anos.

Em 1965, o pioneiro da investigação sobre inteligência artificial Herbert Simon disse: "Dentro de 20 anos, as máquinas serão capazes de realizar todas as tarefas realizadas pelos seres humanos", mas depois toda a gente se apercebeu da situação real. As máquinas que jogavam xadrez eram incapazes de vencer um especialista humano. Em 1997, o computador "Deep Blue" da IBM alcançou um êxito histórico ao vencer de forma convincente o campeão mundial de xadrez Garry Kasparov. O computador é uma maravilha da engenharia e efectua cálculos de 11 mil milhões de operações por segundo. No entanto, para muitos era óbvio que o "Deep Blue" não conseguia pensar, extraordinariamente jogar xadrez, mas ao exame de QI obteve zero. Depois desta vitória, Kasparov acabou de derrotar o computador e falou aos jornalistas que não podia falar. Os investigadores do VI começaram a admitir, a contragosto, o facto de o poder computacional bruto não ser a mesma coisa que a inteligência.

Kentaro Kimura, copresidente da administração e diretor criativo executivo da empresa japonesa Hakuhodo Kettle, de Tóquio, afirma que o momento que vivemos é uma grande oportunidade para todos nós:

"Vivemos num período de grande mudança, que apaga as fronteiras entre países e que traz constantemente novos meios de comunicação. Uma história fantástica pode chegar a um milhão ou mesmo a milhares de milhões de pessoas através do YouTube. As boas ideias podem mover o mundo. Se seguirmos os noticiários televisivos, podemos, com toda a desilusão e desespero, ficar rapidamente com a sensação de que vivemos em tempos difíceis. A verdade é que o tempo em que vivemos é interessante, mas também é instável".

3.3. Juventude e informação

Um grande número de jovens como fonte primária examinada continua a utilizar maioritariamente o Facebook, 66% deles, enquanto o perfil no Twitter tem 10% dos utilizadores da Internet, segundo um inquérito realizado pela Ipsos Marketing Strategic, e patrocinado pelo Instituto para as Comunidades Sustentáveis (ISC), a agência americana para o desenvolvimento internacional (USAID), a Open Society Foundation e a Media House.

Quando se trata de ativismo juvenil na Internet, mas também fora dela, os jovens são mais activos em questões humanitárias e temas relacionados com os direitos humanos e as comunidades locais.

A informação recorre à Internet, seguindo-se a televisão e, em último lugar, os jornais diários, com apenas 8%, revelou um resultado do estudo "Os jovens e os novos media".

Nas redes sociais, os utilizadores acedem cada vez mais aos smartphones, que são agora utilizados por quase 1/4 da população da Sérvia, ou seja, 26%, o que representa um aumento em relação ao ano passado (2013), para 17%. Esta sociedade, em que a informação toma o lugar do capital e se torna um elemento definidor do seu funcionamento, foi designada por "sociedade da informação".

A ignorância e qualquer afastamento de uma comunidade de uma rede global estabelecida da mesma forma significa o seu isolamento e a perda permanente de etapas. Estes factos, confirmados por investigações, ganharam forma na expressão "fratura digital", que nos diz que os países e regiões pobres, devido ao subdesenvolvimento das suas infra-estruturas de informação e comunicação, estão a ficar mais pobres e, vice-versa, os países ricos, graças ao desenvolvimento exponencial e à aplicação das novas tecnologias, estão a ficar mais ricos. A solução procurada não diz respeito apenas a questões tecnológicas e infra-estruturais. O que vem à tona é a aplicação das TIC em várias esferas sociais: da empresa à filosofia. Assim, a criatividade, o desempenho e a prontidão de uma sociedade que encontra formas de utilizar as TIC para melhorar o seu próprio funcionamento são cruciais para o seu lugar no mapa da fratura digital. Além disso, estudos demonstraram que o investimento nas TIC está diretamente relacionado com o aumento do PIB de um país.

No centro de qualquer sistema de realidade virtual está um computador potente. É necessário que seja rápido a renderizar objectos tridimensionais. A este computador chama-se máquina de realidade virtual. O computador está ligado ao capacete com ecrãs de televisão e auscultadores, bem como com controlo manual.

O aparecimento da cultura hikikomori é a reação dos jovens ao estado da sociedade em que se encontram. Os jovens sentem a incapacidade de corresponder às expectativas que lhes são impostas, fugindo dos seus papéis na sociedade e isolando-a de si próprios.

O desenvolvimento da tecnologia parece ser um facto inevitável, e a resposta às questões que ele impõe, determinará o cenário futuro em que viverão as gerações vindouras. Oxalá, esse cenário constitua o futuro da sociedade em torno do princípio dos valores elevados, na tradição do humanismo e alimentando a espiritualidade.

A evolução da Internet está à nossa espera e vai abrir novas oportunidades para actividades ilegais. No entanto, não devemos culpar a tecnologia e aqueles que a criaram, porque continua a ser uma das maiores conquistas tecnológicas da nossa civilização. Os benefícios e as mudanças positivas que a Internet trouxe à vida de muitos não podem ser contestados

4. POSSIBILIDADES DA REDE E SEGURANÇA DOS DADOS NAS REDES SOCIAIS

A tecnologia informática alterou a forma de comunicação das pessoas nos dias de hoje. Se antes a dispendiosa linha telefónica era a única forma de comunicação com os amigos no estrangeiro, agora toda a gente pode fazer videoconferências e falar ao mesmo tempo com pessoas de qualquer parte do mundo. No âmbito das redes informáticas, foram desenvolvidas numerosas inovações no domínio das telecomunicações, como por exemplo o VoIP e o Skype.

As redes sociais são um domínio muito jovem, estreitamente ligado ao desenvolvimento da tecnologia da Internet. A procura de textos mais adequados permitiu a criação de ligações entre páginas da Internet. As páginas da Internet ligadas entre si permitiram a criação e a difusão da *World Wide Web* (abreviado Web). Na última década do século XX, muitos cientistas e intérpretes aperceberam-se do grande potencial da rede global e investiram muito dinheiro e trabalho árduo no seu desenvolvimento. O número de utilizadores da Internet cresceu enormemente e atualmente ultrapassa os dois mil milhões. As Nações Unidas tomaram a iniciativa de incluir o direito de acesso livre à Internet entre os direitos humanos básicos. Para além das pequenas exigências técnicas, um computador e uma linha telefónica, e do grande tesouro de informação que contém, a principal vantagem da Internet é a simplicidade da sua utilização. Os Web Searchers permitiram a revisão não-informática e intuitiva dos conteúdos das páginas da Internet, e os designers definiram normas na área da interação entre o homem e o computador que ajudam o utilizador a realizar a ação desejada. Ao contrário do que acontece com outros programas informáticos complexos, a utilização do pesquisador da Web exige apenas algumas horas de formação, e a forma como o conteúdo da página é apresentado aos utilizadores é semelhante à de outros meios de comunicação mais antigos. Por exemplo, o texto como no papel e o vídeo como nos gravadores de vídeo. Facilita aos membros mais velhos da sociedade a aprendizagem da utilização das novas tecnologias. As redes sociais são um complemento da Web. Antes da criação das redes, a única fonte de confiança na informação na Internet era o endereço da página. Por exemplo, um utilizador confiará mais nos resultados de uma experiência médica se esta tiver sido divulgada no sítio de uma universidade do que se estiver no sítio de uma empresa privada.

As redes sociais criaram uma nova dimensão para as fontes de informação na Web. Em vez de uma rede de documentos, foi criada uma rede de conhecidos entre os utilizadores. Ao mesmo tempo, os conteúdos foram estruturados e enriquecidos com possibilidades de distribuição personalizada. Para além da importância em termos de informação, as redes sociais assumiram um lugar importante no sector da diversão e do tempo livre. A utilização de conteúdos multimédia criou ainda mais pressão sobre o sistema de informação que serve milhões de utilizadores.

A primeira empresa notável que permitiu aos utilizadores a criação de uma apresentação pessoal e de um grupo de utilizadores com mecanismo de comunicação e troca de conteúdos multimédia, com mecanismo de comunicação e troca de conteúdos multimédia dentro do grupo foi o Friendster. O site foi oficialmente inaugurado em março de 2002. A ideia básica era permitir aos visitantes uma apresentação mais fácil e segura com novas pessoas. A apresentação pessoal tinha como objetivo a descoberta de interesses e detalhes semelhantes, como profissão, estações do ano ou locais de residência. Os utilizadores podiam trocar as suas mensagens com outros membros, e os serviços personalizados existiam para descobrir gostos musicais, apresentar-se com novos utilizadores registados, sugerir novos passatempos e eventos culturais interessantes. O número de membros atingiu rapidamente os três milhões e o grande sucesso foi registado em muitos artigos de jornal e emissões televisivas. A atenção dos media motivou o aparecimento de um grande número de sítios semelhantes. Embora o Friendster se tenha tornado muito popular na Ásia, onde conta atualmente com mais de cem milhões de utilizadores, a sua presença no mercado comercial dos EUA, o mercado mais rentável do mundo, foi rapidamente abandonada devido à forte concorrência.

O MySpace é a segunda empresa mais importante na história das redes sociais. Vários antigos trabalhadores da Friendster 2003. Durante apenas dez dias foi feita a primeira versão do site e os primeiros utilizadores foram os trabalhadores da empresa que financiava o desenvolvimento do site. Após os primeiros testes, a grande empresa começou a atrair utilizadores externos. Com o objetivo de criar uma maior popularização, foi decidido que todos os serviços poderiam ser completamente gratuitos, e o foco principal era a cena musical e muito em breve todas as estrelas musicais tiveram a sua apresentação no MySpace. Esta jogada de marketing atraiu os seus seguidores e foi considerada durante muitos anos como a principal vantagem do MySpace em relação a outras redes sociais. Durante não mais de três anos, o site teve mais de cem milhões de utilizadores e manteve-se na posição de maior rede até 2008. Um dado interessante é que em 2005, após apenas dois anos de desenvolvimento, esta rede social tinha mais páginas revistas do que todos os outros sítios mais antigos da

Internet. Infelizmente o My Space foi vendido a uma empresa de media que não percebeu a importância do investimento na plataforma de software e por isso, esta rede social perdeu a corrida com os seus concorrentes.

Atualmente, a rede social mais popular é o Facebook, que nasceu em 2004 como um portal para estudantes da Universidade de Harvard. Frequentemente, foram concluídas outras maiores nos EUA, e depois os trabalhadores de várias empresas, bem como algumas escolas secundárias. Em setembro de 2006, o site permitiu o registo a todos os visitantes. Ao contrário de outras redes, então populares, o Facebook insistia na uniformidade de todas as apresentações pessoais e era conhecido por um maior número de serviços e com melhores desempenhos. Em apenas um ano e meio de vida pública, conseguiu mais de cem milhões de utilizadores e, em 2008, tomou o primado do MySpace-a. Embora a sua popularidade não seja igualmente grande em todas as partes do mundo, conta atualmente com 800 milhões de utilizadores, o que representa mais de 12% do total da população mundial, o que revela a influência das redes sociais na comunicação inter-humana e na nossa sociedade em geral.

O Twitter é uma rede social muito utilizada e cada vez mais popular. As análises deste trabalho centrar-se-ão nesta rede social ou, mais precisamente, neste sítio de comunicação social, que oferece um serviço de "microblogging", o que significa que os utilizadores podem publicar mensagens curtas com um comprimento de 140 caracteres, popularmente designadas por tweets" (twitters). O que o tweeter acrescenta à rede social é a possibilidade de os utilizadores definirem um conjunto de utilizadores cujas mensagens podem ser vistas numa página especial do seu perfil (os chamados utilizadores fechados), que podem ser seguidos numa página especial do seu perfil (os chamados amigos).

O LinkedIn é a maior rede social do mundo que reúne candidatos a emprego e empresas que procuram trabalhadores. Foi fundada em dezembro de 2002 e lançada em maio de 2003 e é utilizada principalmente para a criação de redes profissionais. A última rede de informação do LinkedIn foi em 1 de janeiro de 2011. Tinha mais de 90 milhões de utilizadores registados em mais de 200 países em todo o mundo. A página está disponível em inglês, francês, alemão, italiano e espanhol. O LinkedIn tem 21,4 milhões de visitantes mensais únicos nos EUA e 47,6 milhões a nível global.

O objetivo da página é permitir que os utilizadores registados façam uma lista com os dados de contacto de pessoas que conhecem e em quem confiam no sentido de negócio, por exemplo, de relações comerciais. As pessoas que constam da lista são designadas por "Ligações".

Ao criar um perfil no Linkedln, criámos o nosso CV, ou seja, um resumo de toda a nossa experiência profissional e capacidades que nos permite ajudar o nosso pessoal a encontrar na Internet. Numa pesquisa dos nossos nomes, os empregadores interessados receberão um link para o nosso perfil no Linkedln. Desta forma, deixaremos imediatamente uma impressão profissional e poderemos controlar melhor os resultados da pesquisa dos nossos nomes nos motores de busca. Assim, para todos aqueles que procuram emprego online, o Linkedln é uma rede social que os pode ajudar nesse sentido.

4.1. Metodologia de investigação

- Objeto de investigação

As redes sociais da Internet baseiam-se em páginas Web conhecidas como sítios sociais. O seu objetivo é consolidar um maior número de utilizadores num único local. As pessoas que se ligam a estas redes procuram novas amizades, querem estabelecer contactos com pessoas que estão muito longe delas ou, para exporem as suas atitudes e participarem em discussões com outras pessoas sobre um determinado tema. Assim, por um lado, existem sites que estão focados em interesses definidos e outros que não estão ocupados com temas específicos, mas todos podem tornar-se seus membros. O tema desta pesquisa apresenta uma comparação de várias das redes mais utilizadas, suas caraterísticas, serviços, possibilidades, etc.

- Objetivo da investigação

Estabelecer a utilização familiar das redes sociais nos estabelecimentos de ensino, no local de trabalho e na vida social em geral, quais são as suas vantagens e desvantagens.

- Tarefas de pesquisa

- Analisar as possibilidades e vantagens das redes sociais
- Examinar a segurança e a privacidade dos dados nas redes sociais
- Descrever as redes mais populares do mundo
- Comparar as redes sociais sob diferentes aspectos e dar a nota total

- Hipótese de investigação

A hipótese geral a partir da qual se inicia a investigação é que as redes sociais desempenham um papel importante na vida social, por um lado, e representam o fenómeno da sobrecarga de informação e segurança, por outro.

- Métodos de investigação

Nesta investigação, o método utilizado é o descritivo, porque a sua essência consiste em descrever e comparar as redes sociais.

Utilizámos um método indutivo na investigação, ou seja, com base numa comparação de redes sociais individuais, existe uma atitude geral relativamente ao papel, às possibilidades e aos efeitos das redes sociais.

Foi aplicado o método indutivo na investigação, ou seja, com base numa comparação de redes sociais individuais, existe uma atitude geral relativamente ao papel, às possibilidades e aos efeitos das redes sociais.

4.2. Caraterísticas das redes sociais

Todas as redes sociais, umas menos e outras mais, registam um crescimento recorde de utilizadores. O facto de a indústria de software nunca ter trabalhado em projectos que incluíssem uma centena de milhões de utilizadores representa um grande desafio para as empresas que lidam com estes portais. As redes sociais tornaram-se centros da vida social, escolar e profissional dos jovens. Com o aumento do número de membros e com a crescente intensidade dos conteúdos multimédia, a eficácia de um sistema de segurança dos dados tornou-se cada vez mais importante para fornecer serviços de qualidade aos clientes. A dinâmica das mudanças nas tendências é tão pronunciada que a geração mais jovem considera o correio eletrónico um modo de comunicação ultrapassado. As redes sociais modernas são utilizadas para trocar mensagens e informações sobre as pessoas que conhecem na vida real. As redes sociais caracterizam-se por um grande fluxo de informação. Um utilizador médio tem cerca de 100 membros no seu grupo e os membros são incentivados a publicar informações em diferentes formatos. As mais populares são as notícias curtas que são impressas nas páginas de todos os membros do grupo, depois as fotografias, as impressões, os comentários sobre acontecimentos passados, os resultados de competições de jogos na

Internet, a lista de visualização da atividade atual dos utilizadores.

Com o aparecimento da rede social Tweeter 2007. Os utilizadores passaram a ter a possibilidade de ver todas as mudanças em tempo real, e isso em apenas algumas dezenas de segundos. Tal como todas as outras conquistas tecnológicas relacionadas com as redes sociais, também esta foi violentamente criticada pelos meios de comunicação social. Com receio da perda de utilizadores, todos os outros sistemas tinham como objetivo o fluxo de informação em tempo real, pelo que este é hoje considerado um padrão. O tempo que decorre entre o momento de uma informação e o momento da sua separação de todos os membros do grupo deve ser o mais curto possível, o que elimina muitas técnicas de engenharia, como os trabalhos de processamento em grupo e a atualização periódica, que são utilizadas no sistema original.

- Recomendações e segurança

Estudos demonstraram que as pessoas acreditam mais nas recomendações do que nas campanhas de marketing dos seus conhecidos. As redes sociais têm milhões de utilizadores que estão autorizados a perguntar aos membros do seu grupo sobre os produtos e serviços que pretendem comprar. Por este motivo, as redes sociais têm um grande potencial económico e, por isso, muitos dos atacantes que pretendem obter lucros através da manipulação.

Os mecanismos que estes atacantes utilizam estão principalmente relacionados com a estrutura do grafo em que tentam estabelecer o máximo de ligações com outros membros. Os atacantes geram um grande número de anúncios publicitários que são reencaminhados por membros de grupos estabelecidos. O sistema de apoio à rede social precisa de responder rapidamente a estas ameaças e evitar o bloqueio dos canais de comunicação. O método básico de deteção de um utilizador malicioso marca a sua classificação, que é formada em função das reacções dos outros utilizadores às suas acções. Se um utilizador registar durante mais tempo reacções negativas de outros membros do grupo, a sua comunicação pode ser limitada.

- Aventuras das redes sociais

A influência das redes sociais tem um carácter multidimensional. Em primeiro lugar, existem "relações pessoais" com velhos amigos, parentes distantes, antigas simpatias, amores e afins. O nível seguinte é o político: as redes sociais dão-nos a liberdade que ouvimos nas histórias do Hyde Park e do sítio onde se pode, sem qualquer restrição, entregar-se à vontade e dizer alto e bom som o que se pensa e porque se pensa assim e porque se pensa assim. A influência política nas redes é tão forte que as mais fortes batalhas pré-eleitorais acontecem justamente no Facebook e no Twitter (até o presidente dos EUA, Barak Obama, ficou conhecido pela sua estratégia que foi colocada nas redes sociais). Sobre a força das redes sociais e a sua utilização para fins políticos, talvez a melhor prova seja o facto de, recentemente, o Presidente da França, Nikola Sarkozy, ter anunciado, através do Twitter, a sua nomeação para as próximas eleições presidenciais em França. O terceiro nível, mas não menos importante, é o comercial, que nos dá a oportunidade de nos identificarmos plenamente com a empresa, com a sua marca, com os seus produtos, com a sua estratégia, com a sua direção.

Redes sociais dar arma poderosa como para os compradores, bem como para o vendedor. Em geral, para instrumento de redes sociais está escondido a arma mais poderosa, e que é a liberdade de ser comentado, criticar e alto orgulho do produto e / ou empresa, modo, produção, distribuição, venda ou alguns dos serviços pós-venda. Este é apenas aqui onde a responsabilidade social das empresas tem mais importância e seu lugar, porque com a ajuda de redes sociais que une tudo em um - pessoal e política, e as relações comerciais.

As redes sociais e o seu papel na formação das empresas são extremamente importantes, uma vez que lhes dão a oportunidade de se apresentarem como cidadãos responsáveis.

Até há pouco tempo, a responsabilidade social das empresas era um ecrã através do qual as empresas cumpriam determinadas regras da lei e respeitavam os procedimentos que normalmente se reflectiam na compilação, apresentação e aplicação de um código de ética adequado. As redes sociais trouxeram mudanças. A mudança reflecte-se precisamente no facto de a responsabilidade social das empresas aparecer como geradora de novas ideias e iniciadora da inovação empresarial.

Por conseguinte, podemos dizer que as redes sociais dão às empresas a possibilidade de se encontrarem com os seus compradores, ou seja, com os seus principais activos

Passou uma época em que as empresas criavam a sua própria marca, a sua mensagem - agora essa mesma marca está diretamente dependente do consumidor, e por isso a empresa deve ter a coragem e a liberdade de comunicar de forma honesta e inequívoca a verdade sobre si própria, seja ela qual for. Porque se não o fizerem, haverá sempre alguém que o fará, com a ajuda das redes sociais, o trabalho será seu mais do que fácil.

As formas de negócio impuseram algumas novas regras ao mercado, e uma delas é certamente o envelhecimento dos seus consumidores. As redes sociais introduzem uma verdadeira revolução quando se trata desse segmento em questão, pois permitem que as empresas se comuniquem adequadamente com seus clientes, possibilitando que eles se sintam especiais e únicos. É esta comunicação intensiva que evidencia uma caraterística comum às redes sociais e à responsabilidade social, e que é a ênfase no indivíduo e nas suas necessidades em primeiro plano.

É um número cada vez maior de empresas que promovem a comunicação com os consumidores, afirmando assim temas de interesse mútuo e utilizando-os para estabelecer uma relação que tem mais formas de parceria do que carácter comercial. O resultado desta relação são os produtos e serviços que satisfazem os mais rigorosos padrões e normas dos consumidores e do mercado

- Comparação das redes sociais

- Demografia

Rede social	Idade mínima	Percentagem de utilizadores com menos de 18 anos	Comunidade internacional	Unidade multilingue	Publicidade autorizada
Twitter	Não	10	Sim	Sim	Sim
Facebook	13	36	Sim	Sim	Sim
MySpace	14	33	Sim	Sim	Sim
Google Plus	13	16	Sim	Sim	Sim
LinkedIn	18	20	Sim	Sim	Sim
Friendster	16	3	Sim	Sim	Sim
Olá 5	13	24	Sim	Sim	Sim
Orkut	18	4	Sim	Sim	Sim
PerfSoft	13	32	Sim	Sim	Sim
Zórpia	16	15	Sim	Sim	Sim
Netlog	13	31	Sim	Sim	Sim
Habbo	13	70	Sim	Sim	Sim

- Segurança

Rede social	Ajuste da privacidade	Bloqueio do utilizador	Relatório de spam	Relatório de abuso	Conselhos de segurança
Twitter	Sim	Sim	Sim	Sim	Sim
Facebook	Sim	Sim	Sim	Sim	Sim
MySpace	Sim	Sim	Sim	Sim	Sim
Google Plus	Sim	Sim	Sim	Sim	Sim
LinkedIn	Sim	Não	Sim	Sim	Sim
Friendster	Sim	Sim	Sim	Sim	Não
Olá 5	Sim	Sim	Sim	Sim	Sim
Orkut	Sim	Sim	Sim	Sim	Sim
PerfSoft	Sim	Sim	Não	Sim	Sim
Zórpia	Sim	Sim	Não	Sim	Não
Netlog	Sim	Sim	Sim	Sim	não
Habbo	Sim	Não	Não	Sim	Sim

Perfil

Social Rede	WYSIWYG	Adaptação da máscara	Adaptação do código, HT ML/CSS	Personalz. URL	Image m	Comentários sobre a publicação	Amigos	Blog ue	Apli caçã o
Twitter	Sim	Não	Não	Sim	700KB	Sim	Sim	Não	Sim
Facebook	Sim	Não	Não	Sim	4MB	Sim	Sim	Sim	Sim
MySpace	Sim	Sim	Sim	Sim	5MB	Sim	Sim	Sim	Sim
Google plus	Sim	Não	Não	Não	5MB	Sim	sim	Sim	Sim
LinkedIn	sim	Não	Não	Sim	2MB	Sim	Sim	Sim	Sim
Friendster	Sim	Sim	Sim	Sim	2 MB	Sim	Sim	Sim	sim
Olá 5	Sim	Sim	Não	Sim	2 MB	Sim	Sim	Sim	Sim
Orkut	Não	Não	Não	Não	10 MB	Sim	Sim	Não	Não
PerfSoft	Sim	Sim	Não	Não	3 MB	Sim	Sim	Sim	Sim
Zórpia	Sim	Sim	Não	Sim	16 MB	Sim	Sim	Sim	Não
Netlog	Sim	Sim	Não	Sim	3 MB	Sim	Sim	Sim	Não
Habbo	Sim	Não	Não	Não		Não	Não	Não	Não

- Possibilidades da rede

Rede social	Salas de conversação	Mensagem instantânea	Etiqueta	Bilten	Grupo	Fórum	Mensagens	Devision ofphotog.	Plataforma móvel	Jogos de vídeo
Twitter	Não	Não	Não	Sim	Não	Não	Sim	Não	sim	Não
Facebook	Não	Sim	Sim	Sim	Sim	Sim	Sim	Sim	Sim	Sim
MySpace	Sim	Sim	Sim	Sim	Sim	Sim	Sim	Sim	Sim	Sim
Google Plus	Não	Sim	Sim	Sim	Sim	Sim	Sim	Sim	Sim	Sim
LinkedIn	Não	Sim	Não	Sim	Sim	Sim	Sim	Não	Sim	Sim
Friendster	Não	Não	Sim	Sim	Sim	Sim	Não	Não	Não	Sim
Olá 5	Não	Não	Não	Não	Sim	Não	Sim	Não	Não	Não
Orkut	Não	Não	Não	Não	Sim	Sim	Sim	Não	Não	Sim
PerfSoft	Não	Sim	Não	Sim	Sim	Não	Não	Sim	Não	Sim
Zórpia	Não	Sim	Sim	Sim	Sim	sim	Sim	Sim	Não	Não
Netlog	Não	Sim	Sim						Não	Não
Habbo	Não	Sim	Sim	Sim	Sim	Não	Não	Não	Não	Não

- Investigação

Rede social	Por nome	Por, endereço eletrónico	Por cidade	Por escola	Por interesse	por palavra-chave	Investigação sem ordem
Twitter	Sim	Sim	Não	Não	Sim	Não	Não
Facebook	Sim	Sim	Não	Sim	Sim	Não	Sim
MySpace	Sim	Sim	Sim	Sim	Sim	Sim	Sim
Google Plus	Sim	Sim	Sim	Não	Sim	Não	Sim
LinkedIn	Sim	Sim	Não	Não	Não	Sim	Não
Amigos	Não	Sim	Sim	Sim	Sim	Sim	Não
Olá 5	Não	Sim	Sim	Não	Não	Sim	Não
Orkut	Não	Não	Não	Não	Não	Sim	Não
PerfSoft	Sim	Não	Sim	Não	Não	Não	Sim
Zórpia	Sim	Sim	Sim	Sim	Sim	Sim	Sim
Netlog	Sim	Não	Sim	Não	Não	Sim	Não
Habbo	Não	Não	Não	Não	Não	Não	Não

- Ajuda e assistência técnica

Rede social	Apoio por correio eletrónico	Perguntas mais frequentes	Fóruns de utilizadores
Twitter	Sim	Sim	Não
Facebook	Sim	Sim	Não
MySpace	Sim	Sim	Não
Google Plus	Sim	Sim	Não
Ligado em	Sim	Sim	Não
Friendster	Não	Sim	Não
Olá 5	Não	Sim	Não
Orkut	Não	Não	Sim
PerfSoft	Sim	Não	Não
Zórpia	Não	Sim	Não
Netlog	Não	Sim	Não
Habbo	Sim	Sim	Não

19.7. Marca total

5 - Excelente

4 - Muito bom

3 - Bom

2 - Razoável

1 - Mau

Rede social	Perfil	Segurança	Possibilidades da rede	Ensino	Apoio técnico	Marca total
Twitter	4/5	5/5	5/5	5/5	5/5	5/5
Facebook	4/5	5/5	5/5	5/5	5/5	5/5
MySpace	5/5	4/5	5/5	5/5	5/5	5/5
Google Plus	5/5	5/5	5/5	5/5	5/5	5/5
LinkedIn	5/5	5/5	4/5	5/5	5/5	5/5

Friendster	4/5	4/5	3/5	5/5	4/5	4/5
Olá 5	4/5	4/5	3/5	3/5	4/5	4/5
Orkut	4/5	5/5	2/5	2/5	4/5	3/5
PerfSoft	3/5	4/5	3/5	3/5	3/5	3/5
Zórpia	3/5	3/5	2/5	3/5	4/5	3/5
Netlog	3/5	3/5	3/5	3/5	3/5	3/5
Habbo	3/5	2/5	2/5	1/5	3/5	2/5

CONCLUSÃO-SÍNTESE

A rede social criou uma nova dimensão para as fontes de informação na Web. Em vez de uma rede de documentos, foi criada uma rede de conhecimentos entre utilizadores. Ao mesmo tempo, os conteúdos estruturais foram enriquecidos com oportunidades de distribuição personalizada. Para além da sua importância em termos de informação, as redes sociais ocuparam um lugar importante na indústria do entretenimento e do lazer. A utilização de conteúdos multimédia criou ainda mais pressão sobre os sistemas de informação que servem milhões de utilizadores.

Várias unidades e blogues tornaram-se muito populares e, além disso, devido ao avanço das aplicações, as pessoas podem utilizá-los "em movimento", com a ajuda de dados manuais, como são os telemóveis e os computadores portáteis. O telemóvel é um exemplo de um dispositivo manual a partir do qual as pessoas podem fornecer informações.

É possível participar na rede social com muitas ferramentas disponíveis. Os utilizadores podem indicar as páginas específicas que lhes interessam de uma forma interactiva ou que apenas "marcam" como marcadores. É um tipo de interação que o utilizador pretende destas redes sociais e que depende do tipo de informação em que o utilizador está interessado. As pessoas podem assistir a videoclips para compreender mais facilmente um determinado tema, ou ver fotografias que as ajudem a visualizar o conceito, afinal, uma imagem fala mais do que mil palavras".

O mundo está a evoluir a cada dia que passa e todos querem estar associados. Os blogues e os sítios Web estáticos estão a perder popularidade. A informação é mais antiga do que os beneficiários têm de se esforçar para a obter. As redes sociais podem ser alargadas a outros meios de comunicação, como a televisão, que agora integra os "feeds" do Twitter. O EHarmony tornou-se muito popular para encontrar um parceiro e estabelecer contactos entre si. As redes sociais podem ser muito importantes para a ajuda médica, porque as pessoas podem obter informações sobre as doenças mais comuns.

Para além de todas as vantagens, o problema que surge é o peso excessivo da informação e da segurança. As redes sociais, ao contrário dos meios de comunicação habituais, não têm forma de saber quanta informação pode confundir os utilizadores. A segurança pode ser mais uma das áreas que suscita preocupação.

LITERATURA

Prof. Dr. Bozidar Radenkovic, FON, univerzitet u Beogradu, prezentacija PKS, 2012.

Blogue, 17. jul 2012, Prof. Dr. Slobodan Krstic.

D. Easley, J. Kleinberg, Networks, Crowds and Markets: Reasoning About a Highly Connected World, versão preliminar, 2010

Dr. Mirsad Nukovic, Internet i komunikacija na drustvenim mrezama, FUN, 2013.

http/social-networking-websites-review.toptenreviews.com

http:// instagram.com

http://marketingitd.com/2013/

profitmagazin.com

http://twitter.com/privacy

http://www.LinkedIn.com/

Jovanovic-Bozinov, M., Langovic-Milicevic, A., *Interkulturni izazovi globalizacije*, drugo izmenjeno i dopunjeno izdanje, Megatrend univerzitet, Beograd, 2009. str. 1617

Roberts, K., Webster, F., „Prospects of a Virtual Culture", *Science as Culture*, Carfax Publishing (Taylor & Francis Group), Vol. 11, No. 2, 2002., str. 242.

Nenic, I., „Kultura sajeber prostora", *E-volucija*, Br. 5., 2004. Adresa: 5%5%5http://www.bos.rs/cepit/evolucija/html/5/sajberkultura.htm, pristupljeno 09.12.11.

Silver, D., *Introducing Cyberculture: Looking Backwards, Looking Forward: Cyberculture Studies 1990-2000*, u: Rewiring Media Studies for the Digital Age, Gauntlett, D. (Ed.), Oxford University Press, 2000.

Suvakovic, M., „Postajati masinom; od teorije preko filozofije digitalne umetnosti, teatra i performansa ... i natrag", *TkH*, br. 7, Beograd, jul 2004, str. 3, adresa: 7http://www.tkh-generator.net/files/casopis/tkh_7.pdf Pristupljeno: 09.12.2011.

Vucinic, M., *Identitet,* Dostupno na: 1 http://www.bos.rs/cepit/politika-kultura/teme/1.htm, Atualidade: 09.11.2011.

CareerBuilder.com, Infostud.com, Wall Street Journal e Mashable.

www.google.com

Dr. Michio Kaku, Physics of the Future (Fizika Buducnosti), Beograd, Laguna, 2011.

Acima. Dr. Zorica Tomic, Second life, Filoloski fakultet u Beogradu

S. Turkle, , Simon&Shuster, Nova Iorque, 1995.

Dr. Mirsad Nukovic, Msc A.Erac, Komunikacija na internetu i drustvene mreze, 2013.

personalmag.rs

b92.net

Manning C., An Introduction to Information Retrieval, Cambridge University Press, 2010.

Могин П., Структуре података и организацща датотека, Рачунарски факултет, 2008

Moriarty, Mitchell, Wells - Publicidade: Principles & Practice - Pearson Education Int., New Jersey 2009. str. 335.

Kenneth E. Clow, Donald Baack, Integrated Advertising, Promotion and Marketing Communications, Pearson Education, New Yersey 2010, str 276-280.

http://wiki.developers.facebook.com/index.php/Users.getInfo

http://twitter.com/tos

http://twitter.com/privacy

http://www.facebook.com/full_data_use_policy

http://www.facebook.com/legal/terms?ref=pf

http://www.myspace.com/Help/Terms?pm_cmp=ed_footer;

http://www.google.com/intl/en/policies/terms/

http://www.LinkedIn.com/static?key=privacy_policy&trk=hb_ft_priv

httsp://www.LinkedIn.com/static?key=user_agreement&trk=hb_ft_userag

http://www.friendster.com/user_terms_and_conditions

http://www.hi5.com/terms_of_service.html

http://www.perfspot.com/terms.asp

http://www.zorpia.com/info/tos

http://sr.netlog.com/go/about/legal/view=general

https://help.habbo.com/entries/278067-terms-and-conditions-us

Printed by Books on Demand GmbH, Norderstedt / Germany